¡Así debemos ser!
Way to Be!

Comportamiento con libros de la biblioteca

Manners with a Library Book

por/by **Amanda Doering Tourville**   ilustrado por/illustrated by **Chris Lensch**

Nuestro agradecimiento especial a nuestros asesores por su experiencia/
Special thanks to our advisers for their expertise:

Kay A. Augustine, Ed.S.
Consultora y Entrenadora de Desarrollo del Carácter/
National Character Development Consultant and Trainer
West Des Moines, Iowa

Terry Flaherty, PhD, Profesor de inglés/Professor of English
Universidad Estatal de Minnesota, Mankato/Minnesota State University, Mankato

PICTURE WINDOW BOOKS
a capstone imprint

Editor: Shelly Lyons
Translation Services: Strictly Spanish
Designer: Eric Manske
Production Specialist: Sarah Bennett
Art Director: Nathan Gassman
Editorial Director: Nick Healy
The illustrations in this book were created digitally.

Picture Window Books
A Capstone Imprint
151 Good Counsel Drive
P.O. Box 669
Mankato, MN 56002-0669
877-845-8392
www.capstonepub.com

All books published by Picture Window Books
are manufactured with paper containing at least
10 percent post-consumer waste.

Library of Congress Cataloging-in-Publication Data
Tourville, Amanda Doering, 1980–
[Manners with a library book. Spanish & English]
Comportamiento con libros de la biblioteca / por Amanda Doering Tourville
; ilustrado por Chris Lensch = Manners with a library book / by Amanda
Doering Tourville ; illustrated by Chris Lensch.
p. cm.—(¡Así debemos ser! = Way to be!)
Summary: "Explains many different ways that children can show manners
with a library book—in both English and Spanish"—Provided by publisher.
Includes index.
ISBN 978-1-4048-6694-2 (library binding)
1. Library etiquette—Juvenile literature. 2. Etiquette for children and
teenagers. 3. Books—Mutilation, defacement, etc.—Prevention—Juvenile
literature. I. Lensch, Chris. II. Title: Manners with a library book.
III. Series.
Z716.43.T6818 2011
395.5'3—dc22   2010041024

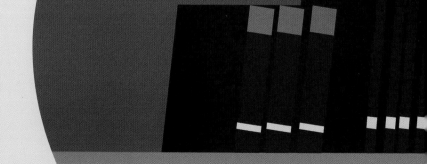

Printed in the United States of America in North Mankato, Minnesota.
092010   005933CGS11

The library is a great place to check out books. It is important to use good manners with a library book.

Good manners allow others to enjoy the book when you are done.

There are lots of ways to use good manners with a library book.

La biblioteca es un gran lugar para pedir libros prestados. Es importante comportarse bien cuando se usa un libro de la biblioteca. Comportarse bien permite que otros puedan disfrutar el libro cuando tú ya lo leíste.

Hay muchas maneras de comportarse bien cuando usamos un libro de la biblioteca.

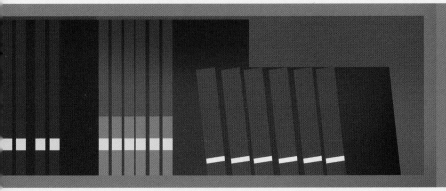
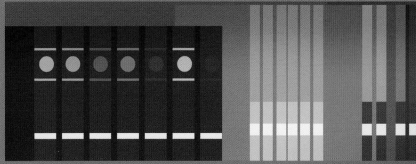

4

Tia and her brother Jaden each find two books at the library. They follow the library's instructions for checking out books.

They are using good manners.

Tia y su hermano Jaden eligen un libro cada uno en la biblioteca. Ellos siguen las instrucciones de la biblioteca para pedir libros prestados.

Ellos se comportan bien.

Back at home, it's time for a snack. Tia and Jaden don't eat or drink while reading their books. They put away the books and then have a snack.

They are using good manners.

Cuando llegan a su casa, es hora de la merienda. Tia y Jaden no comen ni beben mientras leen los libros. Ellos guardan los libros y luego comen la merienda.

Ellos se comportan bien.

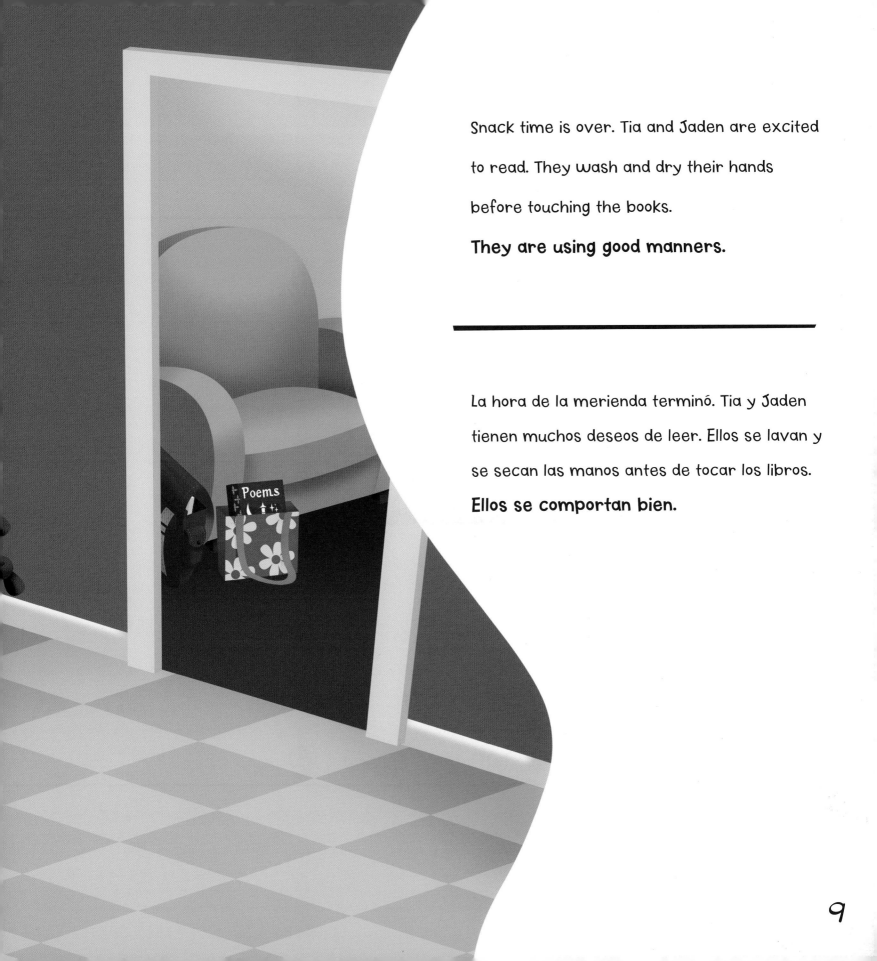

Snack time is over. Tia and Jaden are excited to read. They wash and dry their hands before touching the books.
They are using good manners.

La hora de la merienda terminó. Tia y Jaden tienen muchos deseos de leer. Ellos se lavan y se secan las manos antes de tocar los libros.
Ellos se comportan bien.

Tia reads to her younger sister. She keeps the book out of her sister's reach. Tia makes sure her sister doesn't rip or stain any of the pages. **Tia is using good manners.**

Tia es amable y le lee a su hermana pequeña. Ella mantiene el libro fuera del alcance de su hermanita. Tia con amabilidad se asegura que su hermanita no rompa ni raye las páginas. **Tia se comporta bien.**

Jaden carefully turns each page of the library book. He doesn't want to tear any of them.

He is using good manners.

Jaden cuidadosamente pasa cada página del libro de la biblioteca. Él no quiere romper ninguna página.

Él se comporta bien.

Jaden never folds the corner of a page.

He always uses a bookmark to hold his place.

He is using good manners.

Jaden nunca dobla la esquina de una página. Él siempre usa un marcador para fijar la página.

Él se comporta bien.

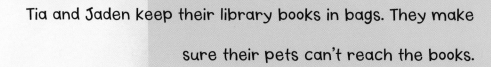

Tia and Jaden keep their library books in bags. They make sure their pets can't reach the books.

They are using good manners.

16

Tia y Jaden guardan los libros de la biblioteca en bolsas.

Ellos se aseguran que sus mascotas no puedan alcanzarlos.

Ellos se comportan bien.

Tia's books are due, but she's not done reading them yet. She goes to the library to renew the books.

She is using good manners.

Tia debe devolver los libros, pero aún no ha terminado de leerlos. Ella va a la biblioteca a renovar los libros.

Ella se comporta bien.

18

Jaden's books are due back today, too.

He returns them on time by putting

them in the book bin.

He is using good manners.

Jaden también debe devolver sus libros

hoy. Él los devuelve a tiempo y los coloca

en el buzón para libros.

Él se comporta bien.

21

It is important to use good manners with a library book. When you take care of library books, the books last a long time. Many people in your community will have a chance to read them.

Es importante comportarse bien cuando se usa un libro de la biblioteca. Cuando tú cuidas los libros de la biblioteca, los libros duran mucho tiempo. Muchas personas en tu comunidad tendrán la oportunidad de leerlos.

Fun Facts /
Datos divertidos

The world's largest library is the Library of Congress in Washington, D.C.

What is believed to be the world's first library was opened around 283 B.C. in Alexandria, Egypt.

La biblioteca más grande del mundo es la Biblioteca del Congreso en Washington, D.C.

There are more than 123,000 libraries in the United States.

La que se cree haber sido la primera biblioteca del mundo fue abierta aproximadamente en 283 a.C. en Alejandría, Egipto.

Hay más de 123,000 bibliotecas en Estados Unidos.

23

Internet Sites

FactHound offers a safe, fun way to find Internet sites related to this book. All of the sites on FactHound have been researched by our staff.

Here's all you do:

Visit www.facthound.com

Type in this code: 9781404866942

Super-cool stuff! Check out projects, games and lots more at **www.capstonekids.com**

Index

Sitios de Internet

FactHound brinda una forma segura y divertida de encontrar sitios de Internet relacionados con este libro. Todos los sitios en FactHound han sido investigados por nuestro personal.

Esto es todo lo que tienes que hacer:

Visita www.facthound.com

Ingresa este código: 9781404866942

¡Algo súper divertido! Hay proyectos, juegos y mucho más en **www.capstonekids.com**

Índice